E-Book inside

Mit dem Kauf dieses Buchs erhalten Sie das zugehörige E-Book gratis. Sie können dabei aus drei Dateiformaten wählen: EPUB (gängiges Format für E-Reader und Tablets), PDF (für PC und Laptop) oder MOBI (für den Amazon Kindle). So kommen Sie an Ihr kostenloses E-Book:

Rufen Sie im Internet diese Website auf:
↗ http://www.junfermann.de/ebook-inside

Geben Sie den unten stehenden Code in das dafür vorgesehene Feld ein und klicken Sie → Code einlösen. Nach Eingabe Ihrer E-Mail-Adresse und Auswahl des E-Book-Formats erhalten Sie sofort einen Download-Link für das gewünschte E-Book an Ihre E-Mail-Adresse.

Bitte beachten Sie, dass der Code für Sie personalisiert wird und nur einmal gültig ist. Die Datei müssen Sie zunächst auf Ihrem Computer speichern, bevor Sie sie auf ein mobiles Endgerät überspielen können.

2BFX8G2B

Marshall B. Rosenberg

Empathisch kommunizieren

Ein kleiner GFK-Leitfaden mit vielen praktischen Übungen

www.junfermann.de

blogweise.junfermann.de

www.facebook.com/junfermann

twitter.com/junfermann

www.youtube.com/user/Junfermann

www.instagram.com/junfermannverlag

MARSHALL B. ROSENBERG

EMPATHISCH KOMMUNIZIEREN

EIN KLEINER GFK-LEITFADEN
MIT VIELEN PRAKTISCHEN ÜBUNGEN

Aus dem Italienischen von Petra Quast

Junfermann Verlag
Paderborn
2019

Copyright © der deutschen Ausgabe
Junfermann Verlag, Paderborn 2019

© der Originalausgabe „*Communicare con empatia*“: Edizioni Esserci 2011

Via Silvano Caleri, 14, 42100 Reggio Emilia, Italia

info@centroesserci.it
www.centroesserci.it

Übersetzung Petra Quast

Coverfoto © Karina Bradulienе – iStock

Covergestaltung / Reihenentwurf Junfermann Druck & Service GmbH & Co. KG, Paderborn

Satz & Layout Junfermann Druck & Service GmbH & Co. KG, Paderborn

Bibliografische Information der Deutschen Nationalbibliothek

Die Deutsche Nationalbibliothek verzeichnet diese Publikation in der Deutschen Nationalbibliografie; detaillierte bibliografische Daten sind im Internet über http://dnb.d-nb.de abrufbar.

ISBN 978-3-95571-768-1

Dieses Buch erscheint parallel als E-Book
ISBN: 978-3-95571-863-3 (EPUB), 978-3-95571-865-7 (PDF), 978-3-95571-864-0 (MOBI).

Inhalt

1. **Einführung** 7
2. **Was wir beobachten** 9
3. **Was wir fühlen** 17
4. **Werte, die uns wichtig sind** 25
5. **Worum wir bitten** 29
6. **Empathisch zuhören** 37

Literatur 43
Anhang: Über Gewaltfreie Kommunikation 45

1. Einführung

Ähnelt was ich träume euren Träumen?
Ist das, was mir wichtig ist, auch euch wichtig?
Ich liebe die Freude und Zärtlichkeit,
die ich spüre, wenn ich mich im Einklang mit einer anderen Seele fühle ...

Träumt ihr von einer Welt, in der Begegnung
bereichert, nährt, befriedet?
Wo ein Stuhl für zwei reicht?

Eine Welt, in der die Menschen
sich gemeinsam und mit Entschlossenheit
dafür entscheiden,
nicht zu töten?

Träumt ihr von einer Welt, in der jeder Mensch,
statt ein Rädchen im Getriebe zu sein,
in der Lage sein wird,
Weg und Ziel in sich zu vereinen?

Eine Welt, in der auf einen Fehler
weder Höllenfeuer
noch Verdammung folgen,
sondern Bereicherung und liebevoller Dialog?

Mit diesem Buch möchte ich einige Kommunikationsübungen anbieten. Ich glaube, dass sie uns befähigen können, unsere Ressourcen zu teilen und unsere Meinungsverschiedenheiten auf gewaltfreie Weise zu lösen.

Die vorgestellten Übungen ermöglichen es, einen **„empathischen“[1] und ehrlichen** Austausch zu verwirklichen.

Bewertungen bringen Menschen dazu, aus Angst und Schuldgefühlen heraus zu handeln. Ein Austausch, der auf Ehrlichkeit und Empathie basiert, bietet die Möglichkeit, einander zu bereichern, voneinander zu lernen und einander zu beschützen. Ehrlichkeit und Empathie sind das Herz einer Kommunikation, die es uns ermöglicht, unsere Ressourcen zu teilen und unsere Differenzen friedlich zu lösen.

Diese Art von Austausch basiert auf:

- unseren Beobachtungen (Kapitel 2),
- unseren Gefühlen (Kapitel 3),
- unseren Werten (Kapitel 4),
- unseren Bitten (Kapitel 5).

Im 6. Kapitel werden wir sehen, wie wir diese Art von Austausch auch mit einem Gegenüber verwirklichen können, der diese Kommunikationsweise weder kennt noch in ihr geübt ist.

---

1 Im Englischen bezeichnet der Autor diesen ehrlichen und empathischen Austausch mit einer anderen Person darüber, was im Moment des Dialogs in uns lebendig ist, als „empowering evalution“, was wortwörtlich übersetzt etwa ermächtigende Bewertung heißen könnte.

2. Was wir beobachten

Wenn ihr sagt,
was ich getan habe
oder nicht getan habe,
kann ich das hören.

Ich kann auch euren Interpretationen
Aufmerksamkeit schenken.
Aber bitte:
Vermischt beides nicht!

Wenn ihr verhindern wollt, dass unsere Meinungsverschiedenheiten gelöst werden,
kann ich euch sagen, wie:
Vermischt das, was ich tue
mit dem, was es in euch auslöst.

Sagt mir, ihr seid verdrossen
angesichts meiner mangelnden Beständigkeit.
Aber mich als verantwortungslos zu beschuldigen
wird mich sicherlich nicht motivieren.

Sagt mir, ihr seid niedergeschlagen,
wenn ich Nein zu euren Bitten sage.
Aber glaubt mir: Mich als herzlos und egoistisch zu verurteilen
ist Zeitverschwendung!

Der erste Schritt bei dieser Art von Austausch besteht darin, zu beschreiben, was wir beobachten.

Dabei spielt es keine Rolle, ob wir mit dem, was die andere Person tut, einverstanden sind oder nicht. Es ist auch unerheblich, ob wir uns wünschen, dass die andere Person ihr Verhalten ändert oder wir mit dem, was und wie sie es tut, sehr zufrieden sind und wir den Impuls spüren, ihr unsere Anerkennung zu zollen. In beiden Fällen ist es meiner Meinung nach vorzuziehen, unsere Beobachtung klar und ohne Bewertung zum Ausdruck zu bringen. Wenn wir Beobachtungen und Bewertungen vermischen, führt dies oft zu Fehlinterpretationen oder Verteidigungsreaktionen.

Hierzu möchte ich eine konkrete Situation beschreiben: Eine Mutter kam mit ihrer 15-jährigen Tochter zu mir zu einem Beratungsgespräch. Ich bat die Mutter, ein typisches Verhalten ihrer Tochter zu nennen, von dem sie sich wünschen würde, dass es sich ändert.

Die Mutter antwortete mir: „Sie ist total verantwortungslos."

Ihre Tochter reagierte sofort: „Das stimmt nicht!"

Auf meine Bemerkung, ich hätte danach gefragt, was ihre Tochter tue, und nicht nach einer Meinung darüber, was ihre Tochter sei, präzisierte die Mutter: „Sie glaubt, die Einzige in der Familie zu sein."

Erneut reagierte ihre Tochter: „Das stimmt nicht!"

Ich erklärte der Mutter noch einmal, sie habe mit einer Bewertung geantwortet und mir nicht gesagt, was ihre Tochter tue.

Die Mutter dachte einen Augenblick nach und sagte: „Das ist schwer, mir fallen nur Bewertungen ein."

Ich hatte Verständnis für die Mutter, denn auch ich verwechsele leicht meine Beobachtung des Verhaltens eines anderen damit, wie ich dieses Verhalten bewerte.

Ein Teil des Problems hat mit der Sprache zu tun, die wir gelernt haben. Es ist eine statische Sprache, mit der wir eine Welt beschreiben, die sich ständig verändert.

Im folgenden Überblick habe ich einige häufig gebrauchte Ausdrucksweisen zusammengefasst, bei denen wir Beobachtung und Bewertung verwechseln.

Gängige Sprachmuster, bei denen Beobachtung und Bewertung verwechselt werden	Beispiele für die Verwechslung von Beobachtung und Bewertung	Beispiele für die Trennung von Beobachtung und Bewertung
1. Der Gebrauch des Verbs „sein“, ohne dass der Sprechende deutlich macht, dass er eine Bewertung vornimmt.	Du bist zu großzügig.	Wenn ich sehe, dass du das ganze Geld, das du in der Tasche hast, verteilst, denke ich, du bist zu großzügig.
2. Der Gebrauch von Verben mit bewertender Konnotation	Fred trödelt bei der der Arbeit.	Fred hat zwei Stunden für eine Arbeit gebraucht, die seine Kollegen in einer halben Stunde beendet haben.
3. Die Tendenz, die eigene Bewertung von Gefühlen, Gedanken und Absichten der Handlungen oder Wünsche des anderen für die einzig mögliche zu halten.	Sie sieht traurig aus.	Mir scheint, sie sieht traurig aus.
4. Verwechslung von Vorhersage und Gewissheit.	Wenn ihr euch nicht ausgewogen ernährt, hemmt das euer Wachstum.	Ich fürchte, wenn ihr euch nicht ausgewogen ernährt, werdet ihr nicht so wachsen, wie ihr es euch wünscht.
5. Fehlende Angabe von Details zu Personen und / oder Örtlichkeiten.	Die Familie Rossi mäht nie den Rasen und repariert auch das Haus nicht.	Ich habe nicht gesehen, dass die Familie Rossi, die in der Kreuzstraße 8 wohnt, je den Rasen gemäht oder die Dachziegel erneuert hat.
6. Einstellungen oder mangelnde Fähigkeiten benennen, ohne anzugeben, dass man bewertet.	Hank Smith ist nicht auf dem Niveau der 4. Klasse.	Seine Durchschnittsnote ist 5,8.

Gängige Sprachmuster, bei denen Beobachtung und Bewertung verwechselt werden	Beispiele für die Verwechslung von Beobachtung und Bewertung	Beispiele für die Trennung von Beobachtung und Bewertung
7. Der Gebrauch von Adverbien und Adjektiven ohne klarzustellen, dass es sich um eine Bewertung oder Verallgemeinerung handelt.	Jim schreibt schrecklich schlecht.	Ich kann Jims Schrift nicht lesen.

Wörter wie „immer“ oder „nie“ werden manchmal bewusst und verstärkend verwendet, um einen bestimmten Punkt zu unterstreichen.

Beispiel: „Immer seid ihr beschäftigt.“

Ich habe die Erfahrung gemacht: Verwendet man diese Wörter in dieser Absicht, lösen sie Abwehrreaktionen aus. Trotzdem können „immer“, „nie“ und ihre Synonyme in bestimmten Fällen für Beobachtungen genutzt werden.

Beispiel: „Jedes Mal, wenn ich sehe, dass Jacques telefoniert, spricht er für ungefähr 30 Minuten.“

Oder: „Ich erinnere mich nicht, dass ihr mir jemals geschrieben hättet.“

Wörter wie „häufig“ und „selten“ oder ihre Synonyme sind in ihrer Aussage zwar weniger absolut, können aber ebenfalls zur Vermischung von Beobachtung und Bewertung beitragen.

Die folgenden Beispiele verdeutlichen, wie man eine Vermischung von Beobachtung und Bewertung trennen kann.

Vermischte Äußerung	Getrennte Äußerung
Ihr macht selten das, was ich will.	Die letzten drei Male, als ich wandern gehen wollte, habt ihr gesagt, dass ihr nicht mitgehen wollt.
Er ist viel zu oft bei uns.	Er ist häufiger bei uns, als ich es gerne hätte.

Übung Nr. 1

Diese Übung hilft uns herauszufinden, ob wir in unserer Kommunikation die Bewertung und die Beschreibung der beobachteten Ereignisse trennen. Kreuzen Sie jeweils die Aussagen an, in denen Ihrer Meinung nach Bewertung und Beobachtung klar getrennt sind. Danach können Sie Ihre Antworten mit meinen (Seite 14 f.) vergleichen.

1. Er ist nicht sehr intelligent.
2. Es ist unverzichtbar, dass ihr Milch trinkt.
3. Ich bin schüchtern.
4. Ich spüre, dass mir etwas Gutes passieren wird.
5. Sie ist arrogant.
6. Es ist eine Tatsache, dass wir uns beeilen müssen.
7. Ich spiele im Durchschnitt dreimal in der Woche Golf und nehme an drei Golfturnieren im Jahr teil.
8. Ich habe im Bericht des Psychiaters gelesen, dass der Patient als instabil klassifiziert wurde.
9. Er ist kurz nach ihrem Anruf angekommen.
10. Das ist keine religiöse Familie.
11. Er ist ein Rassist.
12. Sie ist hübsch.

13. Während meines Militärdienstes handelten die Offiziere meiner Division auf eine Weise, die ich als autoritär bezeichnen würde.
14. Ich weiß, dass du das nicht sagen wolltest.
15. Seine Reaktion auf die Provokationen ist unreif.
16. Er hat keine Tischmanieren.
17. Sie ist übertrieben emotional.
18. Als ich letzte Woche zu spät gekommen bin, hat er gesagt: „Was ist los? Habt ihr nicht genug Geld, um einen Wecker zu kaufen?"
19. Er manipuliert die anderen.
20. Er gibt mit seinen Erfolgen an.

Meine Antworten zu Übung Nr. 1:

1. Ich sehe keine Trennung zwischen Beobachtung und Bewertung. Man hätte stattdessen sagen können: „Meiner Meinung nach ist er nicht sehr intelligent." Oder: „Wenn ich sehe, dass er nicht umsetzt, was ich ihm sage, obwohl ich es ihm dreimal wiederholt habe, dann habe ich so langsam den Eindruck, er ist nicht sehr intelligent".
2. Siehe 1.
   Man hätte sagen können: „Ich denke, es ist unverzichtbar, dass ihr Milch trinkt." Oder: „In der Januarausgabe der Zeitschrift *Gesundes Leben* wurden alle Vorteile von Milch für die Gesundheit aufgezählt."
3. Siehe 1.
   Man könnte sagen: „Wenn ich an Versammlungen teilnehme, fühle ich mich unwohl und spreche mit niemandem."
4. Für mich sieht es so aus, dass zwischen Beobachtung und eigener Bewertung unterschieden wird.
5. Siehe 1.
   Man hätte sagen können: „Ich finde sie arrogant." Oder: „Wenn sie mich nicht grüßt, sage ich mir, sie ist arrogant."
6. Siehe 1.
   Man hätte sagen können: „Ich möchte, dass wir uns beeilen." oder: „Wenn meine Uhr richtig geht, finde ich, wir sollten uns beeilen."

7. Siehe 4.

8. Siehe 4.

9. Siehe 1.
Man hätte sagen können: „Er ist fünf Minuten nach ihrem Anruf angekommen."

10. Siehe 1.
Man hätte sagen können: „Ich habe nie gesehen, dass sie in die Kirche gehen oder vor dem Essen beten."

11. Siehe 1.
Man hätte sagen können: „Ich erinnere mich, dass er gesagt hat, Inder und Schwarze seien weniger intelligent als Weiße."

12. Siehe 1.
Man hätte sagen können: „Ich finde sie hübsch."

13. Siehe 4.

14. Siehe 1.
Man hätte sagen können: „Ich nehme an, dass du das nicht sagen wolltest."

15. Siehe 1.
Man hätte sagen können: „Als er die letzten beiden Male von anderen Kindern beschimpft wurde, hat er sie verprügelt."

16. Siehe 1.
Man hätte sagen können: „Gestern Abend beim Essen hatte sein Mund einen Abstand von fünf Zentimetern zum Suppenteller."

17. Siehe 1.
Man hätte sagen können: „Sie weint bei Dingen, die mich nicht zum Weinen bringen würden." Oder: „Wenn sie weint, fühle ich mich unwohl."

18. Siehe 4.

19. Siehe 1.
Man hätte sagen können: „Ich interpretiere seine Worte als Schmeichelei, um einen Gefallen zu erwirken."

20. Siehe 1.
Man hätte sagen können: „Während unserer Konferenz hat er zehn Minuten lang die Turniere beschrieben, bei denen er gewonnen hat."

3. | Was wir fühlen

Ich bin mit der Überzeugung aufgewachsen,
man erwarte von mir,
meine Kraft und meine Fähigkeit zur Gewalt unter Beweis zu stellen.

Und mit Schrecken
musste ich mehr als einmal
zugeben,
Verzweiflung,
Furcht,
oder Traurigkeit
zu spüren.

Ich dachte, Gefühle seien ein Zeichen von Schwäche
und dass diese Schwäche als etwas Schlechtes verurteilt wird.

Folgendes ist mir aufgefallen: Wenn ich es mir zur Gewohnheit mache auszudrücken, was ich bei meinen Beobachtungen fühle, werden die anderen auf mein Erleben aufmerksam und sind außerdem zu einem offenen und empathischen Austausch motiviert. Zwinge ich ihnen hingegen eine Diagnose oder ein Urteil auf, beharren sie auf ihrem Standpunkt und werden aggressiv.

Unsere Gefühle sind Ausdruck unserer Bedürfnisse, denn sie sagen uns, ob das, was gerade geschieht, auch das ist, was wir wollen. Wenn wir eine Distanz zu unseren Gefühlen haben, haben wir folglich auch eine zu unseren Bedürfnissen.

Die Botschaften unserer Gefühle beziehen sich auf unterschiedliche Aspekte unserer Persönlichkeit:

- Körper
- Verstand
- Wünsche
- Urteile

Manchmal geben unsere Gefühle uns Auskunft darüber, wie es unserem Körper geht. Wir haben dann zum Beispiel Hunger, uns ist kalt oder wir sind müde.

Dann wieder signalisieren unsere Gefühle uns, ob wir auf intellektueller Ebene in dem Maße an einem Geschehen teilhaben, wie wir es uns wünschen. Wörter wie *interessiert, verwirrt* oder *neugierig* sind hier aufschlussreich.

An Gefühlswörtern wie beispielsweise glücklich, zufrieden oder verbittert erkennen wir, ob andere Menschen sich so verhalten, wie wir es uns wünschen.

Und schließlich gibt es noch Wörter, die darauf schließen lassen, ob wir andere oder uns selbst verurteilen. Dann sind wir zum Beispiel *wütend* oder fühlen uns *schuldig.*

Im Folgenden finden Sie Listen mit Wörtern, die Gefühle ausdrücken. Diese Listen können nützlich sein, um den eigenen Gefühlswortschatz zu bereichern.

Gefühle die lebendig sind, wenn unsere Bedürfnisse befriedigt sind

angeregt	fasziniert	motiviert
aufgeregt	freundlich	munter
angenehm	friedlich	mutig
aufgedreht	fröhlich	neugierig
ausgeglichen	froh	optimistisch
befreit	gebannt	ruhig

begeistert	gefasst	satt
behaglich	gefesselt	schwungvoll
belebt	gelassen	selbstsicher
berauscht	gespannt	selbstzufrieden
berührt	gerührt	selig
beruhigt	gesammelt	sicher
beschwingt	geschützt	sich freuen
bewegt	glücklich	spritzig
eifrig	gut gelaunt	still
ekstatisch	heiter	strahlend
energiegeladen	hellwach	überglücklich
energisch	hocherfreut	überrascht
engagiert	hoffnungsvoll	überschwänglich
enthusiastisch	inspiriert	überwältigt
entlastet	jubelnd	unbekümmert
entschlossen	kraftvoll	unbeschwert
entspannt	klar	vergnügt
entzückt	lebendig	verliebt
erfreut	leicht	wach
erfrischt	liebevoll	weit
erfüllt	locker	wissbegierig
ergriffen	lustig	zärtlich
erleichtert	Lust haben	zufrieden
erstaunt	mit Liebe erfüllt	zuversichtlich

Gefühle die lebendig sind, wenn unsere Bedürfnisse nicht befriedigt sind

ängstlich	erstarrt	schüchtern
ärgerlich	frustriert	schockiert
alarmiert	furchtsam	schwer
angeekelt	gehemmt	sorgenvoll
angespannt	geladen	streitlustig
voller Angst	gelähmt	teilnahmslos
apathisch	gelangweilt	todtraurig
aufgeregt	genervt	überwältigt
ausgelaugt	hasserfüllt	voller Sorgen
bedrückt	hilflos	unglücklich
beklommen	in Panik	unter Druck
besorgt	irritiert	unbehaglich
bestürzt	kalt	ungeduldig
betroffen	kribbelig	unruhig
bitter	lasch	unwohl
deprimiert	leblos	unzufrieden
dumpf	lethargisch	verärgert
durcheinander	lustlos	verbittert
einsam	miserabel	verletzt
elend	müde	verspannt
empört	mutlos	verstört

enttäuscht	nervös	verzweifelt
entrüstet	niedergeschlagen	verwirrt
ermüdet	perplex	widerwillig
ernüchtert	ruhelos	wütend
erschlagen	traurig	zappelig
erschöpft	sauer	zitternd
erschrocken	scheu	zögerlich
erschüttert	schlapp	zornig

Es gibt einige Wörter, von deren Gebrauch ich für den Ausdruck von Gefühlen abrate: verlassen, vernachlässigt, provoziert, abgelehnt, abgewiesen, unverstanden etc.

Immer wieder vergegenwärtige ich mir, dass Wörter ihre Grenzen haben, um Gefühle ausdrücken. Die lebendigste Beschreibung, und sei sie noch so klar und eloquent, ist niemals die Erfahrung selbst.

Ich weiß, dass ich von meinen Gefühlen abgeschnitten bin, wenn ich …

1. das Wort „fühlen“ verwende und danach meine Gedanken anstatt meine Gefühle ausdrücke.
   Beispiel: „Ich fühle, dass du recht hast.“
   Beachten Sie: Auf „fühle, dass“ folgt im Allgemeinen eine Erklärung.

2. Worte verwende, die Auskunft darüber geben, was ich glaube zu sein, und nicht, was ich fühle.
   Beispiel: „Ich fühle mich inkompetent.“

3. mit Worten ausdrücke, was andere meiner Ansicht nach tun oder nicht tun, anstatt auszudrücken, was ich fühle.
   Beispiel: „Ich fühle mich unverstanden.“

Übung Nr. 2

Die folgende Übung kann Ihnen helfen herauszufinden, ob Ihr aktueller Sprachgebrauch hilfreich ist, um Gefühle deutlich werden zu lassen.

Kreuzen Sie die Sätze an, die Ihrer Meinung nach Gefühle ausdrücken. Anschließend können Sie Ihre Antworten mit meinen (Seite 23 f.) vergleichen.

1. Ich fühle, dass ich getäuscht werde.
2. In diesem Moment fühle ich mich angespannt und weiß nicht, warum.
3. Ich fühle, dass ihr mich nicht versteht.
4. Heute Nachmittag muss ich zum Zahnarzt und habe Angst.
5. Ich würde es schätzen, wenn du den Müll rausbringen würdest.
6. Es war zuvorkommend von euch, das zu tun.
7. Ich habe den Eindruck, dass ich ein ungeduldiger Mensch bin.
8. Ich fühle mich von allen Seiten unter Druck gesetzt.
9. Es geht mir gut.
10. Ich bin nicht wütend auf euch wegen dem, was ihr getan habt.
11. Eure Beobachtung ist beunruhigend.
12. Ich bin über mich selbst irritiert, dass ich das getan habe.
13. Ich fühle mich von euch bevormundet.
14. Jedes Mal, wenn ich eine Schlange sehe, gerate ich in Panik.
15. Ich fühle mich vernachlässigt.
16. Ich langweile mich, wenn er hier ist.
17. Ich weiß nicht, was ich fühle.
18. Ich habe Lust zu schreien.
19. Es ist interessant, dass ihr das sagt.
20. Ich fühle mich schlecht.

Meine Antworten zu Übung Nr. 2:

1. Ich nehme in diesem Satz kein Gefühl wahr. Stattdessen hätte man sagen können: „Ich fühle mich unzufrieden, weil ich glaube, dass ihr mich täuscht."
2. In dieser Aussage erkenne ich den Ausdruck des in dem Augenblick empfundenen Gefühls.
3. Siehe 1.
   Man hätte sagen können: „Ich bin traurig, weil ich mir wünschen würde, dass ihr mich auf eine andere Weise versteht."
4. Siehe 2.
5. Siehe 1.
   Man hätte sagen können: „Ich fühle mich gestresst, weil ich heute viele Dinge zu erledigen habe. Deshalb würde ich es schätzen, wenn du den Müll rausbringen würdest."
6. Siehe 1.
   Man hätte sagen können: „Ich freue mich darüber, dass ihr das gemacht habt."
7. Siehe 1.
   Man hätte sagen können: „Ich bin mit mir selbst unzufrieden, weil ich mir wünsche, geduldiger zu sein."
8. Siehe 1.
   Man hätte sagen können: „Ich bin irritiert, weil ich den Eindruck habe, dass ihr mich unter Druck setzt."
9. Ich betrachte diesen Satz als einen generalisierenden Ausdruck eines Gefühls. Er könnte bedeuten, dass man sich zufrieden, begeistert, glücklich etc. fühlt.
10. Siehe 1.
    Man hätte sagen können: „Ich bin nicht wütend auf euch wegen dem, was ihr getan habt. Ich bin unzufrieden, weil ich nicht erreicht habe, was ich mir wünsche."
11. Siehe 1.
    Man hätte sagen können: „Ich bin beunruhigt, weil ich eure Beobachtung nicht verstehe."

12. Siehe 2.

13. Siehe 1.
Man hätte sagen können: „Ich bin wütend, weil ich mir wünsche, ihr würdet mich nach meiner Meinung fragen."

14. Siehe 1.
Ich würde diesen Satz als eine generalisierte Aussage über die Gefühlslage in puncto Schlangen bezeichnen. Er ist aber nicht zwangsläufig Ausdruck dessen, was die Person im Moment der Aussage fühlt. Man hätte sagen können: „Jedes Mal, wenn ich in der Nähe einer Schlange bin, gerate ich in Panik. Ich fühle mich beunruhigt, weil ich diese Reaktion als Anzeichen einer Phobie sehe, von der ich mich befreien möchte."

15. Siehe 1.
Man hätte sagen können: „Wenn ihr mich eine Woche lang oder länger nicht anruft, fühle ich mich verbittert, weil ich das als Gleichgültigkeit interpretiere."

16. Siehe 1.
Man hätte sagen können: „Ich fühle mich unwohl, wenn er hier ist, weil es mir nicht gelingt, ihm zu sagen, was ich möchte."

17. Siehe 1.
Man hätte sagen können: „Ich bin frustriert, weil ich gerne in Kontakt mit meinen Gefühlen wäre, es aber nicht bin."

18. Siehe 1.
Man hätte sagen können: „Ich bin so glücklich, dass ich Lust habe zu schreien."

19. Siehe 1.
Man hätte sagen können: „Ich bin glücklich über das, was ihr gesagt habt, weil ich auf eure Zustimmung gehofft habe."

20. Ich betrachte diesen Satz als generalisierten Ausdruck eines Gefühls (siehe 9). Er könnte bedeuten, dass man sich unglücklich, schuldig, wütend etc. fühlt.

4. | Werte[2], die uns wichtig sind

Oh, wie gern möchte ich meine Seele
aus dem Morast befreien, in welchem meine Gedanken versinken!

Diese sinnlose Rennerei raubt mir zu viel Leben, zu viel von mir selbst.

All diese Programme im Kopf machen mich leblos, ohne jedes Lächeln.

Ich möchte so gerne den Kanalwechseln,
eine andere Wellenlänge empfangen.
Aber nirgends auf der Welt finde ich den Knopf dafür!

Mein Kopf ist immerzu vollgestopft mit Abermillionen von
„Ich muss! Ich müsste. Ich hätte gemusst."

Wenn die Dinge schlecht laufen, rät man mir: „Finde jemanden, den du beschuldigen kannst!"
Doch das ist eine Philosophie, die in ein trauriges und falsches Leben führt.

Bei der Art von Austausch, die ich Ihnen hier vorschlage, gibt es einen dritten Schritt. Dieser besteht darin, die Werte zu beschreiben, die zur Entstehung unserer Gefühle beitragen. Unsere Gefühle sind nicht so sehr die Folge unserer Beobachtungen als vielmehr unserer Reaktionen auf diese Beobachtungen. Das ist mir im Alter von etwa fünf oder sechs Jahren zum ersten Mal bewusst geworden. Eine Freundin hatte mir anvertraut: „Stock und Stein brechen mein Gebein, doch Worte bringen keine Pein." Das war eine extrem wichtige Beobachtung für mich! Sie half mir zu sehen, dass meine Gefühle nicht durch das entstehen, was andere sagen oder tun, sondern durch meine Interpretation ihrer Worte und Taten.

---

2 Werte oder Bedürfnisse? Mehr dazu auf Seite 54.

Welche Haltung wir zu einem Geschehen einnehmen, hängt von den Werten ab, die wir jeder Situation beimessen. Manchmal sind unsere Werte verankert in unseren **Vorstellungen** über das, was passieren könnte. Wenn ich beispielsweise merke, dass meine Kinder sich nicht ihre Zähne putzen, könnte ich mir Sorgen machen, weil ich mir ausmale, wie sich bei ihnen Karies entwickelt.

Unsere Werte können sich auch auf **Interpretationen** stützen. Wenn ich beispielsweise über jemanden urteile, er sei zerstreut oder kühl, könnte ich aus diesem Grund wütend sein.

Wenn uns nicht bewusst ist, dass Werte bei der Entstehung unserer Gefühle beteiligt sind, macht uns das blind für den Anteil kultureller Einflüsse auf Bewertungen von Situationen, an denen wir beteiligt sind. Ein großer Teil unserer Handlungsmuster, denen wir in Konfliktsituationen folgen, ist dem Einsatz von gewaltfreien Formen der Kommunikation nicht förderlich. Tatsächlich rechtfertigen diese Muster größtenteils explosive, konkurrierende und gewalttätige Handlungen.

Bin ich mir hingegen bewusst, welche kulturellen Werte ich verinnerlicht habe, gibt mir das die Chance, dafür zu sorgen, dass sie mir nicht „in die Quere" kommen. Das erreiche ich, indem ich meine Fähigkeit nutze, menschliche Werte zu teilen und Meinungsverschiedenheiten auf gewaltfreie Art zu lösen. Um zu vermeiden, dass kulturelle Denkmuster mich unbemerkt beeinflussen, empfinde ich es als nützlich, den Ausdruck meiner Gefühle von einem „weil ich" folgen zu lassen. Auf diese Weise erkenne ich an, welche Werte mich beeinflussen.

Beispiel: „Als ihr mich nicht gebeten habt, mit euch mitzukommen, fühlte ich Schmerz, weil ich das als Ablehnung sah." Diese Art mich auszudrücken schärft einerseits meine Aufmerksamkeit für die in mir wirksam gewordenen kulturellen Einflüsse und reduziert gleichzeitig die Möglichkeit, dass die anderen den Ausdruck meiner Gefühle als Versuch verstehen könnten, sie zu tadeln oder zu beschuldigen.

Übung Nr.3

Vielleicht mögen Sie die folgende Kommunikationsübung zur Selbstüberprüfung nutzen: Sind die mit „weil ich“ eingeleiteten Aussagen hilfreich, um aufzudecken, welche verinnerlichten kulturellen Werte die Entstehung der Gefühle ausgelöst haben?

Kreuzen Sie die Sätze an, in denen Ihrer Meinung nach der Sprechende die inneren Wertvorstellungen anerkennt, die zur Entstehung der eigenen Gefühle beitragen. Anschließend können Sie Ihre Antworten mit meinen vergleichen.

1. Ihr macht mich wütend, wenn ihr die Milch auf dem Tisch verschüttet.
2. Du machst mir Angst, wenn du mich so anschaust.
3. Ich bin glücklich über diese Nachricht, weil ich mir gewünscht habe, dass Gianni mich besucht.
4. Ich fühle mich traurig, weil ihr den Abend nicht mit mir verbringen wollt.
5. Ich freue mich über deine gute Note in Biologie.
6. Ich bin irritiert, weil ich gerade gesehen habe, wie Herr X seinen Sohn schlägt.
7. Ich bin unzufrieden mit dem, was ich dieses Jahr erreicht habe. Ich halte mich selbst für unzulänglich, weil ich nicht in der Lage war, mehr zu tun.
8. Wenn du mich umarmst, fühle ich mich angespannt.
9. Deine Erzählung beunruhigt mich.
10. Ich bin wütend auf dich, weil ich den ganzen Tag auf deinen Anruf gewartet habe.

Meine Antworten zu Übung Nr. 3:

1. Ich sehe nicht, dass der Sprecher uns daran teilhaben lässt, welche inneren Denkmuster zur Entstehung der eigenen Gefühle beitragen. Vergleichen Sie die Aussage mit: „Wenn ihr die Milch auf dem Tisch verschüttet, bin ich wütend, weil ich denke, ihr seid nachlässig und unaufmerksam.“

2. Siehe 1.
Vergleichen Sie den Satz mit: „Wenn du mich so anschaust, habe ich Angst, weil ich fürchte, dass du mich verletzen wirst."

3. Hier erkenne ich, welche inneren Denkmuster beim Sprechenden zur Entstehung der eigenen Gefühle beitragen.

4. Siehe 1.
Vergleichen Sie den Satz mit: „Ich fühle mich traurig, weil ich die Tatsache, dass ihr den heutigen Abend nicht mit mir verbringen wollt, als Ablehnung interpretiere."

5. Siehe 1.
Vergleichen Sie diesen Satz mit: „Ich freue mich über deine gute Note in Biologie, weil ich mir gewünscht habe, dass du erfolgreich bist."

6. Siehe 1.
Vergleichen Sie mit: „Ich habe gerade gesehen, wie Herr X seinen Sohn schlägt, und ich bin irritiert, weil ich denke, dass Erwachsene nicht das Recht haben, Kinder zu schlagen."

7. Siehe 3.

8. Siehe 1.
Vergleichen Sie den Satz mit: „Wenn du mich umarmst, fühle ich mich angespannt, weil ich deine Geste so interpretiere, als wolltest du etwas von mir."

9. Siehe 1.
Vergleichen Sie den Satz mit: „Ich bin beunruhigt, weil ich gerne verstanden hätte, was du mit deiner Erzählung bezwecken wolltest, doch das ist mir nicht gelungen."

10. Siehe 1.
Vergleichen Sie den Satz mit: „Ich habe den ganzen Tag auf deinen Anruf gewartet, und weil ich das als mangelnden Respekt interpretiere, bin ich wütend auf dich geworden."

5. Worum wir bitten

Von wem möchte ich, dass er jetzt etwas tut? Und was wünsche ich mir von ihm, dass er tut, damit wir dorthin gelangen, wo ich uns beide sehen möchte?

Das ist die stetige Herausforderung, der ich mich ohne Unterlass stelle.

Ein Mann, der mich liebt und den ich verehre, hat mir einmal gesagt:

„Wenn sich jeder von uns entscheiden würde, mutig zu sündigen, könnte das für uns beide von Vorteil sein".

Im Bewusstsein meiner Fehlbarkeit zu entscheiden, was ich möchte, dass es geschieht, ist ein risikoreicher Weg, dem ich mit Freude folge.

Wenn ich mir erlaube, ich selbst statt perfekt zu sein, bestimme ich mein eigenes Schicksal und gehe im Rhythmus meiner Seele.

Der vierte Schritt bei dieser Art des Austauschs besteht darin, in positiver Handlungssprache auszudrücken, was wir vom anderen erwarten. Diese Art von Sprache erhöht die Wahrscheinlichkeit, dass unsere Bitte erfüllt wird. Ich äußere, welche spezifische Handlung ich ausgeführt sehen möchte.

Beispiel: „Ich möchte, dass du deine Bücher heute Nachmittag zurück in die Bibliothek bringst."

Oder: „Ich möchte, dass du dich bereit erklärst, dich mit mir im nächsten Monat mindestens einmal pro Woche für eine Stunde zu treffen."

Die meisten von uns kennen vermutlich den Ausspruch „Einigkeit macht stark". Ich möchte hinzufügen: „Klarheit macht stark." Wenn ich meine Bitten klar ausdrücke, erreiche ich eher, was ich möchte. Wenn hingegen meine Bitten in Erklärungen untergehen und ich nur vage oder ganz abstrakt andeute, welche Handlungen ich ausgeführt sehen möchte, ist die Wahrscheinlichkeit, dass ich bekomme, was ich möchte, wesentlich geringer. Hier einige spezifische Beispiele für solche vage ausgedrückten Wünsche:

- Ich möchte, dass du mich so akzeptierst, wie ich bin.
- Ich möchte, dass ihr meine Rechte respektiert.
- Ich möchte, dass du mich genauso liebst, wie ich dich liebe.
- Ich möchte, dass du meine Meinung berücksichtigst.
- Ich wünsche mir etwas Verständnis.

Bitte beachten Sie: Formen des Verbs „sein" nehmen unseren Bitten leicht die Klarheit und schwächen sie somit ab.

Beispiel: „Ich wünschte, du wärst kooperativ*er* / respektvoll*er* / zärtlich*er* ..." In einer positiven Handlungssprache vermeide ich es, den anderen zu sagen, was sie meiner Ansicht nach fühlen oder denken sollen. Mit einer Ausnahme: Ich schlage ihnen gleichzeitig vor, was sie tun könnten, um dazu besser in der Lage zu sein.

Beispiel: Ich formuliere für mich selbst das Ziel: „Ich möchte mich wohler in der Gruppe fühlen." Wenn ich nicht gleichzeitig eine Idee habe, was ich *tun* könnte, um dieses Ziel zu erreichen, ist es eher unwahrscheinlich, dass mir das gelingen wird. Der Aussage: „Ich möchte mich wohler in der Gruppe fühlen" könnte ich hinzufügen: „Ich werde Gianni fragen, was er tut, um sich in solchen Situationen sicherer zu fühlen."

Ein anderes Beispiel: Ich sage zu einer Gruppe von Menschen: „Ich möchte, dass ihr euch frei fühlt mir mitzuteilen, wo ihr Schwierigkeiten habt." Hier könnte ich hinzufügen: „Ich möchte, dass ihr mir sagt, was ich tun kann, um euch eure Arbeit zu erleichtern."

In einer positiven Handlungssprache drücke ich aus, **was ich möchte**, und nicht nur, was ich nicht möchte. Ich bin mir bewusst, dass Vorschläge (was ich möchte) die Kreativität anregen, während Verbote (was ich nicht möchte) zu Widerstand und Ungehorsam führen. Wenn ich nur sage, was ich nicht will, ohne klar zu sagen, was ich möchte, sind meine Möglichkeiten begrenzt.

Ich habe einmal in einer Fernsehsendung mit jemandem diskutiert, dessen Überzeugungen konträr zu meinen waren. Die Sendung war am Nachmittag aufgezeichnet worden und wurde am Abend ausgestrahlt. So hatte ich die Möglichkeit, mich selbst im Fernsehen zu beobachten. Was für eine schmerzvolle Erfahrung! War ich dieser Mann, der sich auf eine von mir so verabscheute Weise verhielt? Daraufhin formulierte ich für mich eine Serie von „Ich-will-nicht"-Sätzen, zum Beispiel: „Sollte ich jemals erneut meinen Standpunkt öffentlich diskutieren, will ich das nicht wieder so tun, wie ich mich das eben habe tun sehen." Mir war vollkommen klar, welche drei spezifischen Handlungen ich künftig vermeiden wollte.

Zwei Wochen später wurde ich eingeladen, die Debatte mit derselben Person fortzusetzen. Auf der Fahrt zum Studio wiederholte ich unentwegt die drei Punkte, die ich auf jeden Fall vermeiden wollte. Die Aufzeichnung begann und ganze zehn Sekunden lang konnte ich das mir selbst gegebene Versprechen einhalten: Ich vermied jegliche Art von Handlung! Ich saß einfach nur da. Mit war zwar vollkommen klar, was ich nicht wollte, aber ich wusste nicht, was ich wollte.

Ich überlasse es Ihnen, sich vorzustellen, was nach den ersten zehn Sekunden geschah! Natürlich verhielt ich mich nicht nur so, wie ich geschworen hatte, dass ich es nicht wieder tun würde. Nein, es schien, als müsste ich auch die verlorenen zehn Sekunden nachholen!

Um eine Veränderung zu erreichen, ist es extrem wichtig, Alternativen im Kopf zu haben, sowohl was das eigene Verhalten betrifft als auch das der anderen. Daran erinnert mich diese Geschichte. Im Gespräch mit einer anderen Person vergegenwärtige ich mir gerne, wie viel klarer es ist zu sagen: „Ich möchte, dass du …" statt: „Ich möchte …" Wenn ich Ihnen zum Beispiel sage: „Ich möchte Sie besser kennenlernen", dann kennen Sie meine Absicht. Sie wissen aber nicht, welche Handlungen ich mir von Ihnen wünsche, um diese Absicht auch umzusetzen. Wenn ich auf meine Absichtserklärung einen Satz mit „Ich möchte, dass Sie …" folgen lasse, wird es sofort klarer. Ich bitte um etwas, das meinem Gesprächspartner deutlich macht, was ich in genau diesem Moment von ihm möchte. In unserem Beispiel könnte sich das so anhören: „Ich würde Sie gerne besser kennenlernen und deshalb möchte ich, dass Sie mir sagen, ob Sie Lust hätten, am Samstag mit mir essen zu gehen."

Die Art und Weise, wie andere unsere Absichten wahrnehmen, ist entscheidend dafür, wie sie auf unsere Vorschläge reagieren. In unseren Absichten und Standpunkten zeigt sich, welche Ergebnisse wir uns wünschen. Durch unsere Bitten machen wir deutlich, welchen „Weg" wir vorschlagen, damit unser Wunsch Wirklichkeit werden kann. Wenn die anderen darauf vertrauen können, dass wir sie verstehen und ihnen helfen wollen, dass wir sie akzeptieren und sie nicht bestrafen, beschuldigen oder dominieren wollen, dann ist der Weg frei für die Lösung von Konflikten und den Austausch von Ressourcen.

Übung Nr. 4

Mithilfe der folgenden Beispiele können Sie üben zu erkennen, ob eine Bitte in einer positiven Handlungssprache vorgebracht wird. Kreuzen Sie die Sätze an, in denen Sie diese positive Handlungssprache erkennen. Danach können Sie Ihre Antworten mit meinen (Seite 33 ff.) vergleichen.

Abkürzungen:
AP: eine an eine andere Person gerichtete Bitte
MS: eine an mich selbst gerichtete Bitte

1. (AP) Ich möchte, dass du mich liebst.
2. (AP) Ich möchte nicht, dass du mich jeden Tag anrufst.
3. (MS) Ich möchte zärtliche Gefühle für sie empfinden.
4. (AP) Ich möchte, dass du mir zuhörst.
5. (AP) Ich möchte dir erzählen, was mir heute passiert ist.
6. (MS) Ich möchte jetzt Gianna anrufen.
7. (MS) Ich möchte mich nicht länger so sehr bemitleiden.
8. (AP) Ich möchte mehr Zeit mit dir verbringen.
9. (AP) Ich möchte, dass du ehrlich zu mir bist.
10. (AP) Rede ich zu viel?
11. (MS) Ich will es schaffen.
12. (AP) Ich möchte, dass ihr bei diesem Thema meine Autorität respektiert.
13. (AP) Bevor du zur Schule gehst, möchte ich, dass du noch einmal das Kapitel in deinem Geschichtsbuch liest.
14. (AP) Ich möchte, dass du dein Fahrrad vor dem Regen schützt.
15. (AP) Ich möchte, dass du mir sagst, ob du den Film „Lenny" gesehen hast.
16. (AP) Die Lehrerin zu ihren Schülern: „Ich möchte, dass ihr versteht, was ich euch erkläre."
17. (AP) Warum hast du ihn geschlagen?

18. (AP) Ich möchte, dass du mir sagst, ob ich zu dick bin.
19. (AP) Ich möchte dich in der Sitzung sprechen hören.
20. (AP) Ich will nicht, dass du mir sagst, was ich tun soll.
21. (AP) Ich möchte, dass du mich mindestens einmal im Monat anrufst.
22. (AP) Ich möchte nicht, dass du gekränkt bist.
23. (AP) Ich möchte, dass du mir sagst, dass du mich liebst.
24. (AP) Ich möchte, dass du nachdenkst, bevor du handelst.

Meine Antworten zu Übung Nr. 4:

1. Ich würde nicht sagen, dass diese Bitte in einer positiven Handlungssprache ausgedrückt ist. Grund dafür ist dieser Teil des Satzes: „... dass du mich liebst". Vergleichen Sie diese Aussage mit: „Ich möchte, dass du mir sagst, du liebst mich" und: „Ich wünsche mir, dass du zustimmst, jede Woche ein paar Stunden mit mir zu verbringen."
2. Siehe 1.
   Aus dieser Bitte geht hervor, was die Person, die sie äußert, nicht möchte; sie fügt nicht hinzu, was sie möchte. Vergleichen Sie Beispielsatz 2 mit: „Ich möchte, dass du mich jeden zweiten Tag anrufst."
3. Siehe 1.
   Hier ist von Gefühlen die Rede und nicht von Handlungen. Vergleichen Sie den Satz mit: „Ich werde drei Eigenschaften von Gianna aufzählen, die dazu führen könnten, dass ich sie liebe."
4. Siehe 1.
   Der Grund ist das Wort „zuhören". Vergleichen Sie den ursprünglichen Satz mit: „Ich möchte, dass du wiederholst, was du mich hast sagen hören, bevor du reagierst."
5. Dieser Wunsch ist für mich in positiver Handlungssprache ausgedrückt.
6. Siehe 5.

7. Siehe 1.
Auch hier erfahren wir lediglich, was die Person nicht möchte. Es wird nicht hinzugefügt, was sie möchte. Außerdem ist „sich bemitleiden“ meines Erachtens kein passender Ausdruck für eine Beobachtung. Schauen Sie sich diese Alternative an: „Wenn ich auf all die Dinge blicke, die ich getan habe, dann möchte ich mindestens eine Sache finden, die mir gefällt.“

8. Siehe 1.
Die andere Person wird zwar mit „ich möchte“ angesprochen, doch dieser Einleitungsformel folgt nicht „…, dass du …“. Vergleichen Sie den Satz mit: „Ich möchte mehr Zeit mit dir verbringen und ich hätte gern, dass du mir sagst, wie du diesen Wunsch empfindest.“

9. Siehe 1.
Der Grund dafür ist der Ausdruck „ehrlich *sein*“. Vergleichen Sie den ursprünglichen Satz mit: „Ich möchte, dass du mir sagst, was dir an dem, was ich getan habe, nicht gefällt.“

10. Siehe 1.
Der Grund ist die ungenaue Formulierung „zu viel“. Vergleichen Sie die ursprüngliche Aussage mit: „Ich möchte, dass du mir sagst, ob ich mehr rede, als du es gerne hättest.“

11. Siehe 1.
Der Grund ist das völlig unbestimmte „es“. Vergleichen Sie die ursprüngliche Aussage mit: „Ich will 10.000 Exemplare von diesem Buch verkaufen.“

12. Siehe 1.
Der Grund ist folgender Teil des Satzes: „meine Autorität respektiert“. Vergleichen Sie den ursprünglichen Satz mit: „Ich möchte, dass ihr wiederholt, was ihr verstanden habt, und mir dann sagt, wie ihr euch fühlt.“

13. Siehe 5.

14. Siehe 5.

15. Siehe 5.

16. Siehe 1.
Der Grund ist der abstrakte Gebrauch des Verbs „verstehen". Vergleichen Sie den ursprünglichen Satz mit: „Ich möchte, dass ihr mir zeigt, dass ihr das verstanden habt, indem ihr einen Satz schreibt, in welchem ihr das Verb dem Subjekt anpasst."

17. Siehe 1.
Der Grund ist das Wort „warum". Vergleichen Sie den ursprünglichen Satz mit: „Bitte sage mir, was er zu dir gesagt hat, das dich irritiert hat. Wie hast du dich gefühlt, als du ihn geschlagen hast?"

18. Siehe 1.
Der Grund ist der Ausdruck „zu dick *sein*". Vergleichen Sie den Satz mit: „Ich möchte, dass du mir sagst, ob du mich zu dick findest."

19. Siehe 1.
Auf die Einleitungsformel „Ich möchte" folgt nicht „… dass du …". Vergleichen Sie den ursprünglichen Satz mit: „Ich wünsche mir, dass du dich in der Sitzung mindestens dreimal zu Wort meldest. Bitte sage mir, was ich tun kann, um dir dabei zu helfen."

20. Siehe 1.
Hier haben wir wieder eine Äußerung, was die Person nicht mag, ohne Hinzufügung, was sie möchte. Vergleichen Sie den ursprünglichen Satz mit: „Ich hätte gerne, dass du mir sagst, was du möchtest, und nicht, was ich tun soll."

21. Siehe 5.

22. Siehe 1.
Erneut eine Äußerung, was jemand nicht will, ohne Hinzufügung, was er möchte. Vergleichen Sie den Satz mit: „Ich möchte, dass du ihm sagst, was du fühlst und was du möchtest, anstatt ihn zu beleidigen."

23. Siehe 5.

24. Siehe 1.
Der Grund ist der abstrakte Gebrauch des Verbs „nachdenken". Vergleichen Sie den Satz mit: „Ich möchte, dass du mir die möglichen Nachteile wiederholst, die ich gerade zu deinem Vorschlag geäußert habe."

6. Empathisch zuhören

Ich möchte dir
Empathie schenken
und mich
von den Vorurteilen befreien,
die meine Sicht einschränken.

Es hat mich einige Zeit gekostet,
aber endlich habe ich erkannt,
wie sehr ich in der Gegenwart fehle,
weil meine Augen
vernebelt sind von der Vergangenheit.

Wenn ich mir etwas mehr Zeit nehme,
bevor ich antworte,
befreie ich mich von den Projektionen,
die meinen Blick entmenschlichen.

Wenn wir den Austausch von Ressourcen fördern und Konflikte auf gewaltfreie Weise lösen möchten, müssen wir auch in der Lage sein, von unserem Gegenüber Auskunft über diese vier Punkte einzuholen:

- Was beobachtet er?
- Was fühlt er im Zusammenhang mit dem, was er beobachtet?
- Welche Werte und Bedürfnisse tragen zur Entstehung seiner Gefühle bei?
- Um was bittet er?

Ich kommuniziere gerne mit Menschen, die darin geübt sind und das nötige Vertrauen haben, diese vier Punkte auszudrücken. Doch oft treffe ich auf Menschen, denen es an Übung fehlt und an dem Zutrauen, die gefragten Informationen beizusteuern.

Diesen Begegnungen mit anderen Menschen verdanke ich es, dass ich zwei Wege gefunden habe, an die vier Informationen zu kommen:

1. Ich sage zuerst, welche Gefühle mich dazu bewegen, meine Bitte vorzubringen. Wenn mir zum Beispiel jemand sagt: „Du bist kühl und distanziert", könnte ich antworten: „Ich bin beunruhigt, weil mir nicht klar ist, was genau ich tue, dass du auf diese Weise wahrnimmst. Wärst du bereit, es mir zu sagen?"

   Ich habe nämlich folgende Erfahrung gemacht: Wenn ich Fragen wie: „Wovon sprichst du?" oder: „Was habe ich getan / nicht getan?" stelle, interpretiert mein Gesprächspartner in der Regel meine Gründe dafür falsch und vermutet bei mir eine Abwehrhaltung oder einen Versuch, ihn ins Kreuzverhör zu nehmen.

2. Ich wiederhole, was mir gesagt wurde, sodass mein Gesprächspartner überprüfen kann, ob ich es richtig verstanden habe. Auf diese Weise zeige ich ihm, wie ich seine Botschaft interpretiert habe, und gebe ihm, wenn nötig, die Möglichkeit, mich zu korrigieren.

   Eine solche Wiederholung des Gesagten könnte ich folgendermaßen einleiten:
   „Reagierst du auf …?" oder „Fühlst du dich …, weil du …?" oder auch: „Möchtest du, dass ich…?".

   In welchen Situationen würde ich mich entscheiden, meinem Gesprächspartner zu wiederholen, was er mir soeben gesagt hat? Hierzu einige Beispiele:

   a. Mein Gesprächspartner signalisiert mir indirekt, dass er das Bedürfnis nach Bestätigung hat, ob seine Botschaft korrekt empfangen wurde. Solche indirekten Signale werden häufig so geäußert: „Ist das klar?" Oder: „Verstehst du, was ich sagen will?"
   b. Ich bin mir nicht sicher, ob ich die Beobachtungen, Gefühle oder Bedürfnisse des anderen exakt erfasst habe, und will das überprüfen, bevor ich reagiere.
   c. Ich erinnere mich daran, dass ich kürzlich selbst ein ähnliches Thema zur Sprache gebracht habe und an mein Bedürfnis, meine Gefühle widergespiegelt zu bekommen. Ich weiß, wie verletzlich ich mich fühle, wenn ich mich jemandem anvertraue, und es beruhigt mich, wenn mir wiederholt wird, was ich gesagt habe.

Wenn jemand mir etwas Intimes mitteilt, würde ich aufgrund dieses letzten Punktes dazu tendieren, ihm das, was ich gehört habe, zu wiederholen. Auch dann, wenn er mir keine spezifischen Hinweise darauf gibt, dass er das möchte, und ich mir ziemlich sicher bin, ihn richtig verstanden zu haben.

Übung Nr. 5

In der folgenden Übung finden Sie jeweils eine Aussage und deren Wiederholung. Sie können für sich überprüfen, ob die verwendete Wiederholung es Ihnen leichter macht, an Informationen über die vier Punkte zu kommen. Kreuzen Sie die Sätze an, die Situationen ausdrücken, bei denen „B" auf eine Weise antwortet, die dem entspricht, was ich beschrieben habe. Danach können Sie ihre Antworten mit meinen vergleichen (Seite 40 ff.).

1. A: Meiner Meinung nach ist der DISCOUNT der beste Supermarkt in dieser Stadt.
   B: Das ist lächerlich, die Preise von Koger sind niedriger.
2. A: Ich denke, du machst einen Fehler, wenn du dein Auto verkaufst.
   B (fühlt sich sicher, A verstanden zu haben, und ist sich außerdem sicher, dass A das klar ist): Wenn du das sagst, fühle ich mich genervt, weil ich das ganz anders sehe.
3. A: Ich bin der Meinung, dass die Werbeunterbrechungen im Fernsehen den Filmen schaden.
   B: Willst du damit sagen, du glaubst, die Filme verlieren ihre Wirkung, wenn die Werbung die Handlung unterbricht?
4. A: Mir scheint, du verbringst eine unglaubliche Zeit mit Lernen.
   B: Denkst du, ich sollte mehr Zeit mit Lernen verbringen?
5. A: Ich denke, Laurence Olivier hat seine beste Leistung erbracht, als er Hamlet spielte.
   B: Meinst du, du bist für so ein Urteil kompetent?
6. A: Du bist der egoistischste Mensch, dem ich je begegnet bin.
   B: Warum sagst du das?
7. A: Du bist zu großzügig.
   B: Sprichst du von den Dimensionen meines Geschenks an Dorothea?

8. A: Das war dumm von dir.
   B: Bist du genervt, weil du denkst, ich hätte wissen müssen, wie man dieses Wort schreibt?

9. A: Ich bin enttäuscht, weil du über die Feiertage nicht nach Hause kommst.
   B: Bedeutet das, du bist enttäuscht, weil ich dir gesagt habe, dass ich über die Feiertage nicht nach Hause komme?

10. A: Ich werde müde, wenn du so lange Geschichten erzählst.
    B: Langweilst du dich, weil meine Ausführungen zu lang sind?

11. A: Du bist nicht sehr liebevoll.
    B: Willst du sagen, du wünschst dir, ich wäre liebevoller?

12. A: Du bist zu dick.
    B: Meinst du damit, ich sollte abnehmen?

13. A: Ich wünsche mir, dass du gewissenhafter bist und deine Arbeit pünktlich beginnst.
    B: Du meinst, du möchtest, dass ich dir sage, ob ich damit einverstanden bin, meine Arbeit pünktlich zu beginnen?

14. A: Ich bin überglücklich, um diese Reise herumgekommen zu sein.
    B: Du meinst, du bist froh, nicht zu verreisen? Ich würde sogar zweimal hinfahren, nicht nur einmal.

Meine Antworten zu Übung Nr. 5:

1. Ich sehe nicht, dass diese Antwort dem Modell entspricht. Vergleichen Sie sie mit: „Meinst du, du ziehst DISCOUNT jedem anderen Supermarkt vor?“

2. Mir scheint, dieser Austausch stimmt mit dem Modell überein. Anmerkung: Aufgrund der gegenseitigen Sicherheit, zu verstehen und verstanden zu werden, ist eine Wiederholung hier nicht nötig.

3. Siehe 2.

4. Siehe 2.
   Auch wenn hier Person B Person A falsch interpretiert hat, stimmt dieser Austausch dennoch mit dem Modell überein. Das Ziel der erweiterten Wiederholung ist, dem anderen die Möglichkeit zur Korrektur eines möglichen Interpretationsfehlers zu geben. Und in diesem Beispiel könnte dieses Ziel erreicht sein.

5. Siehe 1.
   In diesem Beispiel versucht B nicht zu erahnen, was A beobachtet, denkt oder möchte. Vergleichen Sie die Aussage von B mit: „Du meinst also, die größte Leistung von Laurence Olivier war sein Hamlet?"

6. Siehe 1.
   Bei dieser Antwort wird weder die Anstrengung unternommen, die Beobachtungen, Gefühle, Gedanken oder Wünsche von A zu erahnen noch bemüht sich B, seine Gefühle oder Wünsche in einer positiven Handlungssprache auszudrücken. Vergleichen Sie Bs Aussage mit: „Reagierst du so, weil ich dir mein Auto nicht geliehen habe?" Oder: „Ich bin ratlos und möchte, dass du mir sagst, was ich getan habe, das diese Reaktion bei dir ausgelöst hat."

7. Siehe 2.

8. Siehe 2.

9. Siehe 1.
   Der Grund ist, dass die geäußerte Begründung nicht verdeutlicht, welche inneren Eindrücke zur Entstehung von As Gefühlen beitragen. Außerdem geht B davon aus, sein Verhalten sei der Grund für As Enttäuschung. Ich glaube, dieser letzte Punkt ist wichtig, um folgende Falle zu vermeiden: die Überzeugung, man selbst könne die Ursache für die Gefühle einer anderen Person sein. Vergleichen Sie Bs Aussage mit diesem Satz: „Meinst du damit, du bist enttäuscht, weil du denkst, dass Familienmitglieder Feiertage gemeinsam verbringen sollten?"

10. Siehe 1.
    Der Grund ist, dass B Beobachtung und Bewertung verwechselt (ein Hinweis darauf ist das Wort „zu"). Außerdem ist A in die Falle getappt, von der ich oben gesprochen habe (siehe 9). Vergleichen Sie den Satz von B mit: „Wenn ich längere Zeit rede, bist du dann ungeduldig, weil du sicher sein willst, dass wir genügend Zeit haben, um unsere Arbeit zu beenden?"

11. Siehe 1.
    Vergleichen Sie den Satz von B mit: „Willst du sagen, du möchtest, dass ich dich umarme, wenn ich nach Hause komme?"

12. Siehe 1.
    Vergleichen Sie den Satz von B mit: „Bist du besorgt, weil du denkst, mein Gewicht hätte Auswirkungen auf meine Gesundheit?" Oder: „Möchtest du, dass ich eine Diät mache, die ich auch durchhalten kann?"

13. Siehe 2.

14. Siehe 1.
    B beginnt mit einer Wiederholung, wechselt dann aber zu seiner eigenen Reaktion, ohne A vorher die Möglichkeit zu geben, die Interpretation zu korrigieren. Vergleichen Sie Bs Satz mit: „Es scheint mir, du bist wirklich glücklich bei dem Gedanken, zu Hause zu bleiben. Ist das so?"

Literatur

Becker, Ernest (1964): *The Revolution in Psychiatry: The New Understanding Of Man*. New York: Free Press.
Becker, Ernest (1971): *The Birth and Death of Meaning*. New York: Free Press.
Benedict, Ruth (1970): Synergy-Patterns of the Good Culture. *Psychology Today*. June, S. 53–77.
Buber, Martin (2008): *Ich und du*. Stuttgart: Reclam.
Costetti, Vilma (2000): *La Comunicazione Nonviolenta – Sperimentazione nella Scuola Elementare* (Buch + Video 12 Min.). Reggio Emilia: Edizioni Esserci.
Costetti, Vilma (2002): *La Comunicazione Nonviolenta. Gioia il segreto di una Giraffa, Sperimentazione nella scuola materna* (Video 9,37 Min.). Reggio Emilia: Edizioni Esserci.
Costetti, Vilma (2004): *L'arcobaleno dei sentimenti* (Buch + Video). Reggio Emilia: Edizioni Esserci.
Craig, James & Craig, Marguerite (1974): *Synergic Power*. Berkeley: Proactive Press.
Ellis, Albert & Harper, Robert A. (1961): *A Guide to Rational Living*. Englewood Cliffs: Prentice Hall.
Frankl, Victor (2009): *… trotzdem Ja zum Leben sagen*. München: Kösel.
Freire, Paulo (1970): *Pädagogik der Unterdrückten*. Reinbek: Rowohlt.
Green, Sokol (2003): *Classe Giraffa*. Reggio Emilia: Edizioni Esserci.
Greenburg, Dan & Jacobs, Marcia (2004): *Die Kunst, sich schlecht zu fühlen*. Frankfurt a. M.: Fischer.
Harvey, O. J. (1961): *Conceptual Systems and Personality Organization*. New York: Harper & Row.
Holt, John (2004): *Aus schlauen Kindern werden Schüler … Von dem, was in der Schule verlernt wird*. Weinheim: Beltz.
Katz, Michael (1971): *School Reform: Past and Present*. Boston: Little, Brown & Co.
Katz, Michael (1975): *Class, Bureaucracy and the Schools*. New York: Preager.
Keen, Sam (1993): *Die Lust, ich zu sein*. Bergisch-Gladbach: Lübbe.
Keen, Sam (1998): *Wider die Leere in unserer Zeit*. Bergisch-Gladbach: Lübbe.
Kohn, Alfie (1992): *No contest: The Case Against Competition*. New York: Hought Mifflin.
Kohn, Alfie (1999): *Punished by Rewards*. New York: Houghton Mifflin.
Kurtz, Ernest & Ketcham, Katherine (1988): *Die Spiritualität der Unvollkommenheit*. Freiburg: Lüchow.
Lerner, Michael (2000): *Spirit Matters*. Charlottesville: Walsch Books.
Mager, Robert (1977): *Lernziele und Unterricht*. Weinheim: Beltz.
Maslow, Abraham (1965): *Eupsychian Management*. Dorsey Press.
Maslow, Abraham (1994): *Psychologie des Seins*. Frankfurt a.M: Fischer.
McLaughlin, Corinne & Davidson, Gordon (1994): *Spiritual Politics: Changing the World from the Inside Out*. New York: Ballantine Books.

Milgram, Stanley (1974): *Das Milgram-Experiment.* Reinbek: Rowohlt.

Muller, Wayne (1992): *Legacy of the Heart. The Spiritual Advantages of a Painful Childhood.* New York: Simon & Schuster.

Postman, Neil & Weingartner, Charles (1971): *The Soft Revolution: A Student Handbook for Turning Schools Around.* New York: Delta.

Postman, Neil & Weingartner, Charles (1972): *Fragen und Lernen. Die Schule als kritische Anstalt.* Frankfurt a.M.: März-Verlag.

Powell, John (1969): *Why Am I Afraid to Tell You Who I Am?* Niles: Argus.

Powell, John (1974): *The Secret of Staying in Love.* Niles: Argus.

Rogers, Carl (1964): *Some Elements of Effective Interpersonal Communication.* Mimeographed paper from speech given at California Institute of Technology, Pasadena, CA, Nov. 9, 1964.

Rogers, Carl (1984): *Lernen in Freiheit.* München: Kösel.

Rosenberg, Marshall B. (1972): *Mutual Education: Toward Autonomy and Interdependence,* Seattle: Special Child Publications.

Rosenberg, Marshall B. (1999): *La Comunicazione Nonviolenta* (Buch + Video 1,30 Min.). Reggio Emilia: Edizioni Esserci.

Rosenberg, Marshall B. (2016): *Gewaltfreie Kommunikation. Eine Sprache des Lebens.* Paderborn: Junfermann.

Sharp, Gene (1980): *Social Power and Political Freedom.* Boston: Porter Sargent.

Szasz, Thomas S. (1975): *Psychiatrie – die verschleierte Macht.* Olten: Walter Verlag.

Anhang: Über Gewaltfreie Kommunikation

Wie Sie den GFK-Prozess anwenden können	
Ehrlich ausdrücken, **wie es mir geht**, ohne zu beschuldigen oder zu kritisieren.	Empathisch aufnehmen, **wie es dir geht**, ohne Beschuldigungen oder Kritik zu hören.
Beobachtungen	
1. Was ich beobachte *(sehe, höre, an was ich mich erinnere, was ich mir vorstelle, frei von meinen Bewertungen)*, das zu meinem Wohlbefinden beiträgt oder nicht: *„Wenn ich sehe, höre …“*	1. Was du beobachtest *(siehst, hörst, an was du dich erinnerst, was du dir vorstellst, frei von deinen Bewertungen)*, das zu deinem Wohlbefinden beiträgt oder nicht: *„Wenn du siehst/hörst …“* (Wird beim Anbieten von Empathie manchmal weggelassen.)
Gefühle	
2. Wie ich mich fühle *(Emotionen oder Empfindungen statt Gedanken)* in Beziehung zu dem, was ich beobachte: *„… fühle ich …“*	2. Wie du dich fühlst *(Emotionen oder Empfindungen statt Gedanken)* in Beziehung zu dem, was du beobachtest: *„… fühlst du …“*
Bedürfnisse	
3. Was ich brauche oder schätze *(statt einer Präferenz oder einer spezifischen Handlung)*, das meine Gefühle verursacht: *„… weil ich brauche/mir wichtig ist …“*	3. Was du brauchst oder schätzt *(statt einer Präferenz oder einer spezifischen Handlung)*, das deine Gefühle verursacht: *„… weil du brauchst/dir wichtig ist …“*

Klar um etwas bitten, das **mein** Leben bereichern würde, ohne zu fordern.	Empathisch aufnehmen, was **dein** Leben bereichern würde, ohne irgendeine Forderung zu hören.
Bitten	
4. Die konkreten Handlungen, von denen ich mir wünsche, dass sie in die Tat umgesetzt werden: *„Wärest du bereit, zu …?“* *„Und würdest du bitte …“*	4. Die konkreten Handlungen, von denen du dir wünschst, dass sie geschehen: *„Würdest du gern …?“* (Wird beim Anbieten von Empathie manchmal weggelassen.)

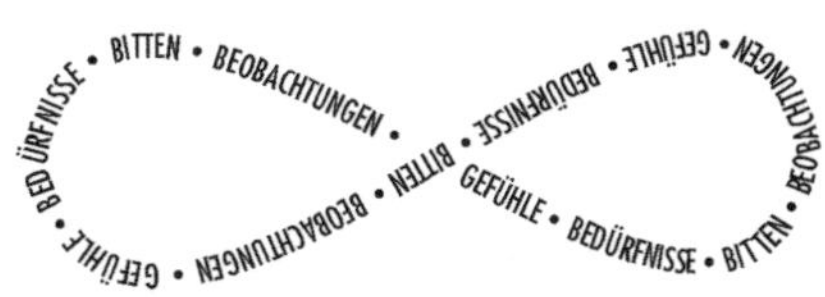

Grundlegende Gefühle, die wir alle haben

Gefühle, die auftreten, wenn Bedürfnisse erfüllt sind

angeregt, bewegt, dankbar, energiegeladen, erfreut, erfüllt, erleichtert, erstaunt, fasziniert, fröhlich, gerührt, hoffnungsvoll, inspiriert, optimistisch, stolz, vertrauensvoll, wohl, zuversichtlich

Gefühle, die auftreten, wenn Bedürfnisse nicht erfüllt sind

bekümmert, besorgt, einsam, entmutigt, enttäuscht, frustriert, gereizt, hilflos, hoffnungslos, nervös, traurig, unbehaglich, ungeduldig, verärgert, verlegen, verwirrt, widerwillig, wütend

Grundlegende Bedürfnisse, die wir alle haben

Autonomie

- Träume / Ziele / Werte wählen
- Pläne für die Erfüllung der eigenen Träume / Ziele / Werte entwickeln

Feiern

- die Entstehung des Lebens und die Erfüllung von Träumen feiern
- Verluste feierlich begehen: von geliebten Menschen, Träumen usw. (trauern)

Integrität

- Authentizität
- Kreativität
- Sinn
- Selbstwert

Interdependenz

- Akzeptanz
- Wertschätzung
- Nähe

- Gemeinschaft
- Rücksichtnahme
- zur Bereicherung des Lebens beitragen
- emotionale Sicherheit
- Empathie
- Ehrlichkeit (gemeint ist die Ehrlichkeit, die uns die Kraft gibt, aus unseren Schwächen zu lernen)
- Liebe
- Geborgenheit
- Respekt
- Unterstützung
- Vertrauen
- Verständnis
- Zugehörigkeit

Nähren der physischen Existenz

- Luft
- Nahrung
- Bewegung, Körpertraining
- Schutz vor lebensbedrohenden Lebensformen: Viren, Bakterien, Insekten, Raubtieren
- Ruhe
- Sexualleben
- Unterkunft
- Körperkontakt
- Wasser

Spiel

- Freude
- Lachen

Spirituelle Verbundenheit

- Schönheit
- Harmonie
- Inspiration
- Ordnung (im Sinn von Struktur / Klarheit)
- Frieden

Gewaltfreie Kommunikation

Vom Schlafzimmer bis zum Sitzungssaal, vom Klassenzimmer bis zum Kriegsgebiet: GFK verändert jeden Tag das Leben von Menschen. Sie ist eine leicht zugängliche, effektive Methode, um friedlich an die Wurzeln von Gewalt und Verletzung zu gelangen. Indem GFK sich den nicht erfüllten Bedürfnissen hinter unseren Handlungen und Aussagen zuwendet, trägt sie dazu bei, Feindseligkeiten zu reduzieren, Verletzungen wiedergutzumachen und berufliche wie private Beziehungen zu kräftigen. Mittlerweile wird GFK weltweit in Firmen, Schulen, Gefängnissen und Mediationszentren gelehrt. Und sie bewirkt kulturelle Paradigmenwechsel dort, wo Institutionen, Firmen und Regierungen das Bewusstsein der GFK in ihre Strukturen und ihren Führungsstil integrieren.

Die meisten von uns sehnen sich danach, in der Lage zu sein, die Qualität unserer Beziehungen zu verbessern, unseren Sinn für die eigenen Fähigkeiten zu stärken oder einfach effektiver zu kommunizieren. Leider werden die meisten von uns aber auch von Geburt an dazu erzogen, sich im Wettbewerb gegen andere zu behaupten, sie zu beurteilen, zu beanspruchen und zu diagnostizieren; in Begriffen von „Richtig" und „Falsch" über Menschen zu denken und zu kommunizieren. Im besten Falle behindern diese gewohnten Denk- und Sprachmuster die Kommunikation und erzeugen Missverständnisse oder Frustration. Sie können aber auch, schlimmer noch, Wut und Verletztheit hervorrufen und zu Gewalt führen. So erzeugen selbst Menschen mit den besten Absichten gegen ihren Willen überflüssige Konflikte.

GFK hilft uns dabei, unter die Oberfläche zu kommen und zu entdecken, was in uns lebendig ist und dass all unsere Handlungen auf menschlichen Bedürfnissen basieren, die wir uns zu erfüllen trachten. Mit ihr lernen wir ein Vokabular für Gefühle und Bedürfnisse zu entwickeln, mit dessen Hilfe wir klarer ausdrücken können, was in uns in jedem beliebigen Augenblick vorgeht. Wenn wir unsere Bedürfnisse verstehen und anerkennen, entwickeln wir eine gemeinsame Grundlage für weitaus befriedigendere Beziehungen. Schließen auch Sie sich den Tausenden von Menschen auf der ganzen Welt an, die mit diesem einfachen, aber revolutionären Prozess ihre Beziehungen und ihr Leben verbessert haben.

Über das Center for Nonviolent Communication

Das Center for Nonviolent Communication (CNVC) ist eine internationale, gemeinnützige friedenstiftende Organisation, deren Vision eine Welt ist, in der die Bedürfnisse aller Menschen auf friedliche Weise erfüllt werden. Das CNVC widmet sich der Verbreitung der GFK auf der ganzen Welt.

Seit seiner Gründung durch Marshall B. Rosenberg im Jahre 1984 trägt das CNVC zu einem umfassenden Wandel des Denkens, Sprechens und Handelns bei – es zeigt Menschen, wie sie miteinander auf eine Weise in Verbindung treten können, die mitfühlende Ergebnisse hervorbringt. Inzwischen wird die GFK weltweit in Gemeinden, Schulen, Gefängnissen, Mediationszentren, Kirchen, Unternehmen, auf Kongressen und in vielen anderen Kontexten gelehrt. In mehr als 60 Ländern unterrichten Hunderte von zertifizierten Trainerinnen und Trainern jedes Jahr Tausende von Menschen in GFK.

Das CNVC ist davon überzeugt, dass GFK-Training ein wesentlicher Schritt zum nachhaltigen Aufbau einer einfühlsamen, friedlichen Gesellschaft ist. Ihre Spende kann dazu beitragen, GFK-Trainings in den ärmsten und gewalttätigsten Regionen der Welt anzubieten. Sie wird darüber hinaus die Entwicklung und Fortführung organisierter Projekte unterstützen, welche die GFK in die Gegenden und zu den Bevölkerungsschichten bringen wollen, die sie dringend benötigen. Für eine Spende und Näheres zu den nachfolgend genannten weiteren Aspekten der Arbeit des CNVC besuchen Sie bitte die Website ↗ http://www.cnvc.org.

THE CENTER FOR NONVIOLENT COMMUNICATION

9301 Indian School Rd., NE, Suite 204, Albuquerque, NM 87112-2861, USA
Tel.: 01-505-244-4041
Fax: 01-505-247-0414
E-Mail: cnvc@cnvc.org
Website: http://www.cnvc.org

Über den Autor

Dr. Marshall B. Rosenberg (1934–2015) ist Begründer des Center for Nonviolent Communication (CNVC), dessen Trainingsbereich er über lange Jahre leitete.

Rosenberg hat mehr als 15 Bücher geschrieben und wurde für seine GFK-Arbeit mit zahlreichen internationalen Preisen ausgezeichnet.

Rosenberg setzte die GFK zunächst in den 1960er-Jahren in Projekten ein, die der Mediation und Vermittlung von Kommunikationsfähigkeiten dienten. Sie wurden damals von der US-Regierung gefördert. 1984 gründete er das Center for Nonviolent Communication (CNVC). Seither hat sich das CNVC zu einer internationalen gemeinnützigen Organisation mit Hunderten zertifizierter Trainerinnen und Trainer entwickelt, die in über 60 Ländern weltweit GFK lehren.

Marshall Rosenberg war ein gefragter Redner, Friedensverhandler und eine visionäre Führungsfigur. Er hat weltweit Workshops und Intensivtrainings für Zehntausende von Menschen abgehalten und darüber hinaus Trainingsangebote und Programme zur Förderung des Friedens in Kriegsgebieten wie Nigeria, Sierra Leone und dem Nahen Osten entwickelt. Unermüdlich hat er mit Erzieherinnen und Erziehern, Managern, Krankenschwestern, Anwälten, Soldaten, Gefangenen, Polizisten und Gefängniswärtern, Regierungsvertretern und einzelnen Familien gearbeitet. Mit seiner Gitarre, seinen Handpuppen und einer spirituellen Energie, die den Raum erfüllen konnte, hat Marshall Rosenberg uns den Weg zu einer friedlicheren und zufriedeneren Welt gewiesen.

Über Vilma Costetti und das Centro Esserci

Vilma Costetti (1950–2013) war die erste und über längere Zeit auch einzige vom CNVC zertifizierte Trainerin für Gewaltfreie Kommunikation in Italien. Von 1989–2001 lud sie Marshall Rosenberg ein- bis zweimal jährlich zu Seminaren ein. Nach ihrer CNVC-Zertifizierung Anfang der 1990er-Jahre verbreitete sie die Gewaltfreie Kommunikation als Trainerin in Italien und beteiligte sich auch am französischsprachigen GFK-Netzwerk.

1991 gründete Vilma Costetti das Centro Esserci und 2003 den Verlag Edizioni Esserci, in dem als erstes Buch die italienische Ausgabe von *Gewaltfreie Kommunikation – eine Sprache des Lebens* von Marshall Rosenberg erschien. Schritt für Schritt erweiterte sie das Verlagsprogramm. Es erschienen weitere Titel von Marshall Rosenberg, aber auch Bücher von Thomas D'Ansembourg, Lucy Leu, Sylvia Haskvitz u.a. Sie verlegte zudem italienische Autoren, mit besonderem Augenmerk auf den Bereich Erziehung, Politik und Gesellschaft. Vilma Costetti verfasste ebenfalls eigene Bücher, teils mit Co-Autoren und in der Zusammenarbeit mit Illustratoren.

Aktuell hat die Edizioni Esserci ca. 90 italienischsprachige Bücher im Programm und ca. 40 Titel in französischer und englischer Übersetzung; insgesamt also etwa 130 Titel.

Seit 2013 werden das Centro Esserci und der Verlag von Vilma Costettis Tochter weitergeführt.

Gewaltfreie Kommunikation im deutschsprachigen Raum

Mittlerweile hat sich die GFK so stark verbreitet, dass es nicht mehr möglich ist, alle GFK-TrainerInnen aktuell hier im Buch aufzulisten. Da hilft uns das Internet, das zahllose Möglichkeiten bietet, die GFK nah und fern zu finden. Wir hoffen, dass auch Sie hier bei Bedarf fündig werden.

Auf diesen überregionalen Internetseiten können Sie sich neutral über die Gewaltfreie Kommunikation informieren:

↗ http://www.CNVC.org

Die Seite des Center for Nonviolent Communication in den USA (ursprünglich von Marshall B. Rosenberg gegründet) informiert international über CNVC-zertifizierte GFK-TrainerInnen, Weiterbildungsmöglichkeiten und über weltweite GFK-Projekte.

↗ http://www.gewaltfrei.de

Eine neutral informierende Seite, die GFK-TrainerInnen aus Deutschland, Österreich und der Schweiz umfassend auflistet. Sie finden auch Seminar- und Ausbildungsangebote. Weiterhin werden hier überregionale GFK-Seiten sowie regionale GFK-Vereine und lokale Übungsgruppen aufgelistet. Sie können über diese Seite auch GFK-Bücher und -Materialien bestellen.

↗ http://www.gewaltfrei-dach.eu

Der Dachverein veranstaltet GFK-Seminare und -konferenzen, informiert über GFK-Zentren sowie über GFK-Projekte und bietet Finanzierungsmöglichkeiten für solche Projekte an. Ebenso wird auf die CNVC-Zertifizierung für GFK-TrainerInnen auf der Webseite unter Mitglieder / Kreis der AssessorInnen hingewiesen. Neu ist das dazugehörige Veranstaltungsportal ↗ http://www.gewaltfrei-info.eu., auf dem Sie GFK-Veranstaltungen aller Art finden können.

↗ http://www.fachverband-gfk.org

Der Fachverband bietet eine Qualitätssicherung der Weitergabe der GFK in Form einer Anerkennung für GFK-TrainerInnen an. Alle Infos dazu auf der Webseite. Weitere Schwerpunkte sind die Vernetzung der TrainerInnen untereinander und das Erschließen neuer Zielgruppen für die GFK. Es werden regelmäßig GFK-Fachkonferenzen veranstaltet.

↗ http://www.gewaltfrei.at

Hier können Sie sich über die zahlreichen GFK-Aktivitäten in Österreich umfassend informieren; ebenso über die Zertifizierungs- und Anerkennungsmöglichkeiten als GFK-TrainerInnen des CNVC und des Fachverbands Gewaltfreie Kommunikation.

Werte und Bedürfnisse

Das vorliegende Buch basiert teilweise auf Material von Marshall Rosenberg aus den 1980er-Jahren. Der dritte Schritt der Gewaltfreien Kommunikation, die Bedürfnisse, befand sich damals noch in seiner Entstehungsphase.

In diesem Buch ist im dritten Schritt von Werten die Rede. Es geht darum, die verinnerlichten Werte anzuerkennen, die zur Entstehung der jeweiligen Gefühle in einer Situation beitragen. Es gilt, sich innerer, unbewusst ablaufender Mechanismen bewusst zu werden, was es einem dann erlaubt, Verantwortung für seine Gefühle zu übernehmen und menschliche Werte zu teilen.

Anders als in dem Basiswerk „Gewaltfreie Kommunikation – eine Sprache des Lebens“ ist also im vorliegenden Text noch nicht die Rede von universellen menschlichen Bedürfnissen. Es wird jedoch sehr deutlich, wie wichtig es für einen empathischen und ehrlichen Austausch sein kann, den Einfluss kultureller Werte auf die eigenen Gefühle zu beleuchten und transparent zu machen.

Heute besteht der dritte Schritt der Gewaltfreien Kommunikation darin, unsere befriedigten und unbefriedigten Bedürfnisse, welche der Grund unserer Gefühle sind, wahrzunehmen und zu kommunizieren. Das unterstützt eine direkte und natürliche Verbindung auf der Ebene unserer gemeinsamen Menschlichkeit, jenseits aller moralischen Urteile und kulturellen Denkmuster.

Leseprobe

(aus: Marshall B. Rosenberg (2019): *Liebe leben – Tag für Tag*, Paderborn: Junfermann.)

Geben und nehmen

Die Gewaltfreie Kommunikation hat etwas damit zu tun, auf welche Weise wir füreinander da sind, wie wir unsere Liebe zum Ausdruck bringen und wie wir Liebe empfangen. Es gibt so viel, was wir uns gegenseitig schenken können. In einer Familie geben und empfangen wir viele Male – jeden Tag. Wir bereiten täglich Mahlzeiten zu, machen das Haus sauber und bringen andere irgendwohin oder holen sie ab. Auch wie wir uns gegenseitig Aufmerksamkeit widmen und unser Wissen teilen ist ein Geschenk. Wir haben viel zu geben und viel von unseren Lieben zu empfangen. Wichtig ist hier die Energie, die diesem Prozess zugrunde liegt. Die GFK – die Giraffensprache – hat das Ziel, uns dabei zu unterstützen, einander von Herzen zu geben. Wenn wir einander geben, dann nur mit der Absicht, das Leben des anderen schön zu machen. Ich glaube, wenn wir uns dessen vollkommen bewusst wären, würde in einer Familie jeder gerne auf diese Weise geben und empfangen. Doch oft geben wir aus anderen Gründen, die für niemanden angenehm und zufriedenstellend sind.

Dazu jetzt einige Beispiele. Manchmal geben die Mitglieder einer Familie leider aus einem Pflichtgefühl heraus oder weil sie glauben, dazu gezwungen zu sein. Wenn man sie fragt, warum sie tun, was sie tun, antworten sie: „Weil ich muss." Wenn Menschen aus einer solchen Energie heraus anderen etwas geben, werden am Ende alle dafür zahlen und die Lust am Geben wird so zerstört. Das möchte ich Ihnen zeigen. Wenn wir geben, weil wir meinen, wir hätten keine Wahl; wenn wir also aus einem Pflichtgefühl heraus handeln, weil wir glauben, etwas zu müssen, dazu gezwungen zu sein oder es tun sollten, dann können alle nur verlieren. Derjenige, der gibt, verliert, weil er aus einer Art Sklavenmentalität heraus handelt und nicht, weil er sich bewusst ist, dass er so sein eigenes Leben auf wundervolle Weise bereichern kann. Wann immer wir etwas nicht gerne und mit Freude, sondern aus irgendeinem anderen Grund heraus tun, hat das für uns alle Konsequenzen.

Wolfssprache: Pflicht, Schuld und Scham

Abgesehen von Pflichtgefühl und Zwang gibt es noch andere Gründe, warum Menschen etwas geben. Einige Leute tun es, um Schuldgefühle zu vermeiden. Werden in einer Familie Schuldgefühle genutzt, um andere zum Geben zu bewegen, wird wahrscheinlich Wolfssprache gesprochen. Sie eignet sich hervorragend dafür, andere dazu zu bringen, Dinge aus Schuldgefühlen heraus zu tun. Hier kommt eine typische Wolfsbotschaft. Schaut euch den Wolf an, wie er in der Ecke sitzt, nichts sagt und sehr beleidigt aussieht. Das Kind kommt und sagt:

Kind: „Mama, was hast du?“

Mutter: „Ich war gerade in deinem Zimmer. Ich habe gesehen, dass du dein Bett nicht gemacht hast.“

Mit dieser Botschaft versucht der Wolf dem Kind zu sagen:

Wolf: „Sieh mal, was du mir angetan hast! Es ist nur deine Schuld, dass ich mich so schlecht fühle. Wenn du mich lieben würdest, hättest du das Bett gemacht.“

Wenn das Kind jetzt ins Zimmer geht und das Bett macht, wird die Mutter dafür zahlen, denn wenn wir etwas für jemanden tun, weil wir Schuldgefühle empfinden, verlieren wir alle. In der Wolfssprache benutzt man Gefühle, um andere dazu zu bringen, sich schuldig zu fühlen, damit sie dann aus dieser Empfindung heraus das tun, was wir wollen. Man sagt dann Dinge wie: „Du verletzt mich, wenn du dich so verhältst“, oder: „Du machst mich wütend, wenn du das sagst.“

Es gibt noch einen Grund, aus dem heraus Menschen einander geben und bei dem am Ende alle zahlen, und das ist Scham. Ein anderer tut nicht, was man will, und man klebt ihm ein Etikett auf, ein moralisches Urteil. Der andere glaubt schließlich, etwas an ihm sei falsch. Die Wolfssprache ist voller Etiketten, um Menschen dazu zu bringen, aus Scham zu handeln.

Das Herz der Giraffensprache hingegen besteht darin, in der Lage zu sein, klar auszudrücken, was wir brauchen. Dann richten wir präzise Bitten an die anderen und machen dabei klar, dass es sich tatsächlich um Bitten und nicht um Forderungen handelt. Wenn andere unsere Bedürfnisse, unseren inneren Reichtum, sehen können und wenn diese auf eine respektvolle Weise zum Ausdruck gebracht werden, wird es ihnen leichter fallen, ebenfalls zu geben.

Schauen wir dagegen mal, was der Wolf macht, wenn seine Bedürfnisse nicht erfüllt sind. Anstatt zu sagen, was er braucht, verurteilt er den anderen und sagt ihm zum Beispiel, er sei unsensibel. Wenn Sie sich das Leben vermiesen wollen, dann tun Sie Folgendes: Sobald andere Ihre Bedürfnisse nicht erfüllen, erklären Sie, was falsch an ihnen ist, weil sie etwas Bestimmtes nicht tun. Wenn ein Kind nicht so aufräumt, wie Sie es gerne hätten, sagen Sie ihm, es sei faul. Wenn Ihr Partner nicht tut, um was Sie bitten, sagen Sie ihm, er sei unsensibel oder würde nicht genug Zeit mit Ihnen verbringen. Eine Sprache, die Menschen verurteilt, wenn sie nicht das tun, was wir wollen, versucht mit Scham als Druckmittel zu erreichen, dass die anderen uns etwas geben. Das ist vor allem deshalb traurig, weil genau das Gegenteil erreicht wird: Je mehr Kritik oder Urteile Menschen hören, umso weniger Lust haben sie, zu unserem Wohlbefinden beizutragen. Wenn Ihnen die anderen nicht das geben, was Sie wollen, sagen Sie ihnen, sie seien egoistisch. Auf diese Weise können Sie fast sicher sein, dass niemand Lust haben wird, Ihr Leben zu bereichern. Niemand wird Ihnen gerne etwas geben, denn Urteile, deren Grundlage ein Konzept von „Falschsein“ ist, führen zu einer sich selbst erfüllenden Prophezeiung. Wenn Sie denken, jemand sei egoistisch, machen Sie es dieser Person schwer, Ihr Leben zu bereichern. Für jemanden, dem Sie sagen, er sei faul, wird es sehr schwer sein, etwas für Sie zu tun.

Wenn der Wolf nun so zerstörerisch ist, wie ich soeben dargestellt habe, macht er es den Menschen schwer, Freude beim Geben zu empfinden. Warum sollten wir also überhaupt Wolfssprache mit unseren Lieben sprechen? Genau das wollte ich besser verstehen. Ich wollte wissen, welche Sprache uns helfen könnte, bereitwillig und gerne zum Leben anderer beizutragen, aus Liebe, aus Mitgefühl; aus einer natürlichen Freude daran, uns das Leben gegenseitig schöner zu machen.